COSTA RICA

WHITE STAR VERLAG

Text
Simona Stoppa

Inhalt

1 Zu den 850 Vogelarten in Costa Rica gehören auch die Kolibris. In den niedrigeren Schichten des Waldes sorgen sie für den Fortbestand der Pflanzen und Blumen. Deren Verbreitung hängt nämlich zu 70 bis 90 Prozent von Tieren ab.

2–3 Die zerklüftete Pazifikküste erstreckt sich zwischen Nicaragua und Panama über 1016 Kilometer. Ihr Erscheinungsbild wird von Buchten, Lagunen und Halbinseln geprägt.

4–5 Wie alle Katzen lauert auch der Jaguar seiner Beute in einem Versteck auf, um sie dann aus der Nähe anzugreifen. Er ist auf Kurzstrecken sehr schnell, aber für längere Verfolgungsjagden fehlt ihm die Ausdauer.

6 Die carretas sind traditionelle Ochsenkarren und werden liebevoll in leuchtenden Farben bemalt. Aber auch bei Keramik und Textilien sind bunte Muster überaus beliebt. Besonders bekannt für sein Kunsthandwerk ist der kleine Ort Sarchí im Norden der zentralen Hochebene.

7 Im Juli 1968 brach der Vulkan Arenal aus. Alle umliegenden Dörfer wurden zerstört, und Dutzende von Menschen kamen ums Leben. Seitdem wird der Berg immer wieder von Explosionen erschüttert.

8–9 An den Stränden des Nationalparks Manuel Antonio an der Pazifikküste von Costa Rica verkaufen lokale Künstler bunte Pareos an Touristen, von denen es in dieser Gegend nur so wimmelt. Die landschaftliche Schönheit und der große Artenreichtum von Flora und Fauna machen diesen Park zu einem allseits beliebten Ausflugsziel.

10–11 Die Blüten der Helikonie sind ideale Ruheplätze für den Rotaugenlaubfrosch (Agalychnis callidryas), der in den dichten Wäldern an Wasserläufen lebt. Sein grüner Körper ist oft blau und gelb gefleckt, seine Füße sind orange, und seine großen Augen leuchten knallrot. Die Männchen unterscheiden sich von den Weibchen allein durch ihre Größe.

12–13 Die Reserva Bosque Nuboso Santa Elena ist ein Nebelwaldgebiet in der Cordillera de Tilarán und liegt nicht weit entfernt von der bekannteren Reserva Biológica Bosque Nuboso Monteverde. Der dichte, bis zu 40 Meter hohe Regenwald gedeiht hier dank der ständig anwesenden Wolken auch auf über 1000 Metern Höhe. Auf vielen Wanderwegen kann man Tiere jeglicher Art beobachten. Und wenn der Nebel sich lichtet, erhascht man sogar einen Blick auf den Vulkan Arenal.

© 2008 White Star S.P.A
Via Candido Sassone, 22–24
13100 Vercelli – Italien
www.whitestar.it

Für die deutsche Ausgabe
© 2008 White Star Verlag GmbH, Wiesbaden

ISBN 978-3-86726-055-8

1 2 3 4 5 6   13 12 11 10 09 08

Übersetzung: Karin Hofmann
Producing: redaktionsbüro drajabs/Ulrike Sindlinger für berliner buchmacher

Gedruckt in Singapur
Litho: Areagroup Media, Mailand (Italien)

Einleitung

Lieblich und herb. Strahlend und düster. Aber immer „rrrica", mit diesem rollenden „r", das man in der Republik Costa Rica genüsslich zelebriert. Ohne Unterlass trifft man hier auf *la pura vida*, in den lateinamerikanischen Rhythmen ebenso wie in der üppigen Natur. Der Name Costa Rica („Reiche Küste") stammt aus dem Jahr 1502, als Christoph Columbus auf seiner Suche nach dem Eldorado an der Atlantikküste dieses Landes anlegte. Geblendet vom goldenen Halsschmuck der Indios, hofften die spanischen Kolonialisten, in Costa Rica ein mächtiges Reich vorzufinden. Tatsächlich stießen sie jedoch nur auf kleine Eingeborenendörfer und jede Menge Natur. Kurz gesagt, auf genau die Art von Vegetation, auf die die Ticos (wie sich die Costa Ricaner nennen) heute so stolz sind. Eine Bevölkerung von etwa vier Millionen Einwohnern lebt hier in einem nur 51 000 Quadratkilometer großen Schatzkästchen. Ein Ort, an dem Bildung und medizinische Versorgung garantiert werden und kostenlos sind. Ein Land, das seine Armee 1949 abschaffte und dennoch stabil ist und sich sicher fühlt. Ein Land, das im Lauf der Jahre beschloss, sich nur noch einer einzigen Mission zu widmen: der Erhaltung der Natur, und deshalb ein Viertel seines Staatsgebietes unter Schutz stellte. Costa Rica besitzt zwanzig Nationalparks, dreißig biologische Reservate und Dutzende von Naturschutzgebieten. Säugetiere und Vögel, Insekten und Amphibien, Pflanzen und Bäume vermehren sich ungestört. In Costa Rica wird die Natur wie eine Königin verehrt und wie eine Tochter beschützt. Das lohnt sich: In diesem kleinen Land trifft man auf sechs Prozent der Arten des gesamten Planeten.

Wer in die Tier- und Pflanzenrefugien der biologischen Reservate, Wälder und Ebenen eindringt, spürt deutlich die Missbilligung der Natur: Die lieblichen Düfte, die eben noch in der Luft lagen, verflüchtigen sich zugleich mit den Tieren, die dann nicht mehr zu sehen, aber von nah und fern zu hören sind. Von Bromelien besiedelte Bäume, gigantische Farne, Orchideen und Kletterpflanzen jeder Art wachsen über vierzig Meter hoch. Man findet hier mindestens neunhundert verschiedene Baumarten und eintausenddreihundert heimische Orchideen. Eine davon, die Guaria Morada, ist die Nationalblume und wird wegen ihrer Schönheit, ihrer Farbe und ihres Duftes besonders geschätzt. Es gibt auch einen Nationalbaum, den Arbol de Guanacaste, und einen Nationalvogel, den grauen Yiguirro aus der Familie der Drosseln.

Zu den zweihundert Säugetierarten, die Costa Rica bevölkern, gehören auch der Jaguar, der Puma, verschiedene Affen, das Faultier, der Ameisenbär und der Waschbär. Außerdem gibt es achthundert Vogelarten, darunter fünfzig verschiedene Kolibri- und fünfzehn Papageienarten. Und vierzigtausend verschiedene Spezies von Reptilien, Amphibien und Insekten findet man hier; zu ihnen zählen allein dreitausend Schmetterlingsarten. Dieser riesige Garten zwischen zwei Ozeanen, dieser Verbindungssteg zwischen den beiden amerikanischen Kontinenten wird im Norden von Nicaragua und im Südosten von Panama begrenzt und besitzt zwei Küsten: eine pazifische und eine karibische. In der Mitte liegt das knochige, harte Skelett des Landes, aber in Meeresnähe weichen Gebirge und zerklüftete Vulkane den Ebenen, die vom Regenwald überzogen sind und an der Küste in herrlichen Sandstränden auslaufen.

Die Isla del Coco ist die größte unbewohnte Insel der Welt und vielleicht die schönste. Sie liegt etwa fünfhundert Kilometer von der Pazifikküste entfernt und gehört seit 1869 zu Costa Rica. Schon immer haben diese Insel und ihre imaginären Reichtümer die Fantasie der Menschen beflügelt. Nachdem sie im 16. Jahrhundert zum ersten Mal auf Seekarten auftauchte, legten hier Walfänger und Piraten an. Sie vergruben dort angeblich Schätze: vom legendären „Kirchenschatz von Lima", den der Seeräuber William Thompson 1820 auf die Insel brachte, bis hin zu den Reichtümern einer spanischen Galeone, die der englische Pirat Bennet Graham, besser bekannt als Benito Bontio, dort vergraben haben soll. Bis heute wurde allerdings keiner der Schätze wieder gefunden. Im Jahr 1881 inspirierte die Insel Robert Louis Stevenson zu seiner Erzählung „Die Schatzinsel". Jahrzehnte später brachte die abgelegene Kokos-Insel Michael Crichton auf die Idee für seinen Bestseller „Jurassic Park". Das gesamte Eiland ist ein Nationalpark, in dem über siebzig Tier- und Pflanzenarten heimisch sind und mehr als hundert Wasserfälle herabstürzen.

14 In Costa Rica gibt es kaum
kahle Klippen, denn die tropische
Natur überwuchert alles. Die Felsformationen bilden kleine, von Wind
und Strömung geschützte Buchten,
in denen sich die Pflanzen entfalten
können.

14–15 Versteckt in der dichten
Vegetation reihen sich an der
Karibikküste kleine Fischerdörfer
aneinander. Fischfang und der
Anbau von Bananen sind für die
Bewohner dieser Dörfer die einzige
Einnahmequelle.

16 Magía Blanca heißt einer der Wasserfälle im Naturpark La Paz, in der Nähe von Vara Blanca. Der Park heißt nach dem Fluss, der an den Flanken des Vulkans in großartigen Kaskaden fast 1400 Meter hinabstürzt.

17 oben Die vier heißen Quellen der Thermalbäder von Tabacón um Fuß des Vulkans Arenal bieten ideale Entspannung und zusätzlich den Blick auf das pyrotechnische

Schauspiel des Vulkans. Das Wasser in den zehn Thermalbecken erreicht Temperaturen zwischen 23 und 40 Grad.

17 unten Der Jaguar (Panthera onca) kann sich in den Regenwäldern von Costa Rica gut tarnen. Obwohl er zwei Meter lang und über 100 Kilo schwer ist, wird man eher seine Fußabdrücke finden oder sein Gebrüll hören, als ihn je zu Gesicht zu kriegen.

18 und 18–19 Das kostbar ausgestattete Innere des Teatro Nacional in San José wurde, ebenso wie die Außenfassade mit den drei krönenden Statuen, im Renaissance-Stil geschmückt. Die Bauarbeiten begannen 1891. Am 21. Oktober 1897

wurde das Theater mit der Aufführung der Oper Faust eröffnet. Das Teatro Nacional hat ein Symphonieorchester, ein Ballett- und ein Schauspielensemble. Obendrein gilt es als schönstes Bauwerk des Landes.

Die nährstoffreichen Strömungen im Meer sorgen dafür, dass sich rund um dieses Fleckchen Erde Hammerhaie, Weißspitzen-Riffhaie, Meeresschildkröten, Mantas, Fleckenrochen und Walhaie tummeln: überreiche Artenvielfalt auf einem Gebiet von 24 Quadratkilometern.

Die Bergketten, die das Mutterland durchziehen, bilden dagegen eine natürliche Barriere. Sie sorgen dafür, dass die Karibikküste das ganze Jahr über in einem feuchtwarmen Klima mit häufigen Regenfällen liegt, während die Pazifikküste von Dezember bis April Trockenzeit erlebt und auch während der übrigen Monate nicht allzu viel Regen sieht.

Im Norden von Costa Rica geht die Cordillera de Guanacaste mit ihren bis zu zweitausend Metern hohen, gewaltigen Vulkanen in die Cordillera di Tilarán über. Hier liegt der Arenal-See, ein künstlicher Stausee am Fuß eines Bilderbuch-Vulkans, dessen 1663 Meter hohen Kegel kein Künstler schöner gestalten könnte. Allerdings hätte auch kein Teufel ihn mit mehr Jähzorn und Hitzigkeit ausstatten können. Die Risse und Löcher im Asphalt der Panamericana sprechen Bände: Abrupte Ausbrüche, Glutwolken und Lava gehören hier fast zum Alltag. Die reizvollste und attraktivste Region des Landes zittert, raucht und qualmt seit 1968, denn der Arenal ist der aktivste Vulkan des Landes, wenn nicht sogar der Welt. Zu seinen Füßen, eingetaucht in die warmen Quellen von Tabacón und umgeben von finsterer Nacht, muss man keinen Eintritt bezahlen, um einem der schönsten Licht- und-Klang-Spektakel dieses Planeten beizuwohnen: Die Dunkelheit wird von glühenden Lapilli zerschnitten. Heftige Explosionen erleuchten die Umgebung so lange, bis der feurige alte Herr beschließt, wieder in Schweigen zu versinken.

Aber hier gibt es noch viel mehr zu sehen. Zum Beispiel einen grünen Wald, der sich in weiße Schleier hüllt: die Reserva Biológica Bosque Nuboso Monteverde, seit hundert Jahren ein Privatwald voller tief hängender Wolken und geheimnisvoller Tiere. Das Reservat wird durch Zuwendungen aus aller Welt finanziert und steht unter dem Schutz der Monteverde Conservation League.

Auch der Poás in der Cordillera Central spuckt unaufhörlich Asche und Lava. Der 2704 Meter hohe Vulkan hat einen riesigen Krater mit einem Durchmesser von 1,5 Kilometern und dreihundert Metern Tiefe. Dicht bei ihm liegt ein Nebelwald, in dem die Rufe des Feuerkehl-Kolibris, der Rußdrossel und des äußerst seltenen Quetzals widerhallen.

Der höchste aktive Vulkan des Landes ist jedoch mit 3432 Metern der Irazú. Heute entweicht ihm allerdings nur noch eine Rauchsäule, denn den Höhepunkt seiner Aktivität überschritt er bereits 1963: Damals überschüttete er die Städte San José und Cartago und einen großen Teil des Valle Central mit seiner Asche. Doch zum Glück stößt hier das Feuer auf eine natürliche Grenze: Zwischen der Cordillera Central und der Cordillera de Talamanca öffnet sich die Meseta Central, eine Hochebene voller Ströme und Flüsse, wie dem Chirripó, dem Sarapiquí, dem Grande de Tárcoles und dem Rio Reventazón. Das gebirgige Rückgrat des Landes erstreckt sich Richtung Südosten und bildet dort die Cordillera de Talamanca. Unter den vielen Gipfeln, die über 3000 Meter hoch sind, dominiert der Cerro Chirripó mit 3820 Metern.

Das Herz von Costa Rica schlägt in der Meseta Central, etwa 1500 Meter über dem Meeresspiegel. Hier siedelten sich Spanier in der zweiten Hälfte des 16. Jahrhunderts an. Nachdem sie den Dschungel besiegt hatten, gründeten sie 1563 die Stadt Cartago. Anders als in Guatemala, Mexiko und Panama lebten in Cartago – wie in Costa Rica insgesamt – nicht viele Eingeborene. Aus diesem Grund wurde die Mestizen-Kultur hier nie so bedeutsam wie im restlichen Lateinamerika. Etwa neunzig

Prozent der heutigen Bevölkerung stammt von Spaniern ab, drei Prozent von Afrikanern, ein Prozent von Indios. Cartago wurde beim Ausbruch des Vulkans Irazú im Jahr 1723 fast völlig vernichtet, jedoch wieder aufgebaut. Nachdem Costa Rica 1821 seine Unabhängigkeit von Spanien erklärte, blieb Cartago noch bis 1823 die Hauptstadt des Landes. Im Lauf der Zeit zerstörten weitere Erdbeben fast alle alten und sakralen Bauwerke, so auch die berühmteste Kirche von Costa Rica, die Basílica de Nuestra Señora de los Angeles, der Schutzheiligen des Landes. Sie stürzte 1926 bei einem Vulkanausbruch ein und wurde anschließend im byzantinischen Stil neu erbaut.

Im 18. Jahrhundert breitete sich die Kolonie allmählich auf den fruchtbaren Ebenen des Hochplateaus aus. Noch heute leben dort, in ewigem Frühlings etwa sechzig Prozent der Bevölkerung: Die Universitätsstadt Heredia ist ein kulturelles Zentrum, Alajuela ein tropischer „Schmetterlingsgarten" und San José die Hauptstadt. San José erinnert dank seiner Ladenketten, Einkaufszentren,

20 oben   Die Basilika von Cartago bedeutet den Gläubigen besonders viel.

20 unten   Das Innere der Basílica de Nuestra Señora de Los Angeles in Cartago ist äußerst prachtvoll und gut erhalten.

21   Die Basílica de Nuestra Señora de Los Angeles in Cartago ist die berühmteste Kirche des Landes. Sie wurde 1635 errichtet, bei dem Erdbeben von 1926 zerstört und danach im byzantinischen Stil wieder aufgebaut.

Fast-Food-Restaurants und Verkehrsführung an die USA. Tatsächlich ist aus der Kolonialzeit der Stadt, die 1737 gegründet wurde, kaum etwas erhalten. All die prächtigen Kirchen und barocken Paläste wurden von zahllosen Erdbeben zerstört. Im zentralen Barrio Amón findet man einige Bauwerke vom Fin de Siècle. Der Stadtteil San Pedro ist bei jungen Leuten besonders beliebt. La Sabana, der größte Park der Stadt, wird wie eine grüne Insel vom Straßenverkehr umtost. Das Teatro Nacional entstand 1897 nach dem Vorbild der Pariser Oper. Ausgestattet mit Marmor, Fresken, kostbaren Hölzern, Kristall und Alabaster, ist es eines der schönsten neoklassizistischen Bauwerke der Neuen Welt. In ihm ist ein italienisches Gemälde zu sehen, das die Ernte und den Export von Kaffee darstellt. Es wurde berühmt, weil es die Rückseite des 5-Colón-Schein zierte, angeblich eine der schönsten Banknoten der Welt.

In Costa Rica gibt es wenig Spuren präkolumbianischer Kulturen. Zu den wenigen archäologischen Resten gehört die weltweit bedeutendste Sammlung präkolumbianischer Jadeobjekte im Museo de Jade. Im Museo de Oro Precolombiano liegen etwa zweitausend goldene Exponate. Das Museo Nacional enthält Sammlungen zu Archäologie, Kunst und Landesgeschichte. Es befindet sich in der Fortaleza Bellavista, dem ehemaligen Hauptquartier der Armee, das Präsident José Figueres Ferrer zur Kulturstätte umfunktionierte. Im Sinn der costa-ricanischen Verfassung von 1949, die bis heute in Kraft ist, ordnete er die Auflösung des Heeres an. Die freigesetzten Gelder ließ er dem Sozial-, Gesundheits- und Bildungswesen zukommen. Noch heute, mehr als ein halbes Jahrhundert später, gilt Costa Rica als stabilste und sicherste Nation Lateinamerikas. Sie lässt nur eine Form der Artillerie zu: die unaufhörlich rumorenden Vulkane, und das in einer Erdregion, die an Staatsstreiche und Diktatoren, ethnische Probleme und Armut gewöhnt ist. Den Costa Ricanern liegt nichts ferner als Krieg. Den Beweis dafür lieferte Óscar Arias Sánchez, der von 1986 bis 1990 Staatsoberhaupt war und 1987 den Friedensnobelpreis bekam.

Dank seiner Präsidenten, der kommunikativen Art seiner Bewohner und der politischen Stabilität gilt Costa Rica in Amerika als führend bei allem, was nachhaltige Entwicklung und verantwortungsvoller Tourismus heißt. Auch im Export von Bananen und Kaffee nimmt es eine Spitzenposition ein. Der Anbau und Handel mit diesen Gütern stieg seit dem Bau der Eisenbahnlinie zwischen San José und der Atlantikküste Ende des 19. Jahrhunderts schwunghaft an. Daher stammt der Name „Bananenrepublik": Diese Frucht ist neben dem Kaffee der wichtigste Exportartikel und bindet das Land an US-amerikanische Industrie- und Finanzgruppen. So erwirtschaftete die 1899 gegründete United Fruit Company mit dem Bananenhandel enorme Umsätze. Vielleicht ließ sich der kolumbiani-

sche Schriftsteller Gabriel García Márquez dadurch zu den Szenen seines Romans „Hundert Jahre Einsamkeit" inspirieren, die die Machenschaften einer nordamerikanischen Bananenfirma in einem fiktiven lateinamerikanischen Staat beschreiben.

Der Schub der Bergketten, die sich von Norden nach Süden durch das Land ziehen, wird von sanft abfallenden Küsten aufgefangen. Die Karibikküste lockt mit wunderschönen Stränden, Mangroven- und Sumpfwäldern und Naturschutzgebieten, die etwa die Hälfte der Küste ein-

nehmen. Man spricht dort eine andere Sprache, denn ein Drittel der Küstenbewohner sind Nachfahren der Plantagenarbeiter, die aus Jamaika stammten. Etwas weiter südlich leben Indios (Bribri und Cabecar). Diese Gegend lässt sich nur im Boot erkunden. Die Wasserwege an der Küste, *los canales* genannt, bilden ein lang gezogenes Netz, in dem es von Leben nur so wimmelt. Jenseits des Tierschutzgebietes Barra del Colorado an der Grenze zu Nicaragua liegt der Nationalpark Tortuguero, der auch den verwöhntesten Touristen Neues bietet. Hohe Wellen, starke Strömungen und häufige Hai-Patrouillen machen das Baden an den Stränden dieses Parks unmöglich, bieten aber ideale Bedingungen für Meeresschildkröten. In mondhellen Nächten kriechen bei Flut Hunderte von ihnen an Land, um im Sand ihre Eier abzulegen. Wer das miterlebt, wagt kaum zu atmen. Noch bewegender ist

22 Zwei Hellrote Aras auf der
Halbinsel Osa mit ihrem typischen
scharlachroten Federkleid, das einen
schönen Kontrast zu den gelben
Streifen an den Flügeln bildet. Eine
besondere Eigenschaft der Hellroten

Aras erregt das Interesse der Verhal-
tensforscher: Sie halten beim Fressen
ihre Nahrung normalerweise aus-
schließlich mit dem linken Fuß fest.

22–23 Die Küsten der südlichen
Karibik werden von Palmen und
Wäldern gesäumt. Typisch für diese
Region sind die vielen kleinen Buch-
ten, die küstennahen Korallenriffe
und die unberührten Strände.

jedoch die Geburt der Babyschildkröten, die sich nach dem Schlüpfen über den Sand ins offene Meer kämpfen. Viele von ihnen erreichen ihr Ziel nie, weil sie von Raubvögeln oder Fischen gefressen werden. Die Suppenschildkröten strömen übrigens in Gruppen von bis zu tausend Tieren pro Nacht zur Eiablage. Die Lederschildkröte dagegen kommt alleine aus dem Meer, wobei sie einen Panzer zu schleppen hat, der über einen Meter lang und bis zu 360 Kilogramm schwer werden kann.

Doch im Tortuguero gibt es noch andere Tierarten zu bestaunen. Das Licht, das gedämpft durch das dichte Blattwerk des Regenwaldes fällt, wacht über dem langsam dahinfließenden, dunklen Wasser der Kanäle. Unter Fanfaren und Triumph-Melodien öffnen sich die Tore einer riesigen, verzauberten Arche Noah. Seltsam aussehende kleine Affen im Geäst eskortieren die Boote, die durch die Kanäle gleiten. Brüllaffen machen ihrem Namen alle Ehre, denn ihr Geschrei ist noch aus einem Kilometer Entfernung zu hören. Allerdings müssen sich Affen, Faultiere, Ameisenbären, Pekaris und Tapire die paradiesischen Wälder des Tortuguero mit gefährlichen Jaguaren, Ozeloten und Pumas teilen. An den Ufern der Kanäle genießen Süßwasserschildkröten die Sonne. Wenn sie sich gestört fühlen, tauchen sie arglos ins Wasser ab, wo schon Kaimane und Krokodile auf sie warten. Etwa zweihundert Reptilienarten, etwa die Hälfte davon Schlangen, bleiben in den grünen Wäldern lieber „hinter den Kulissen". Den großen Auftritt überlassen sie „Jesus", einer Eidechse, die über das Wasser laufen kann, sowie den Leguanen, kleinen Dinosauriern auf dem Weg in die Zukunft. Als Statisten fungiert eine immense Vielfalt an Fröschen und Kröten, darunter auch die Dendrobatiden oder Baumfrösche, von denen die Indios Gift für ihre Pfeilspitzen bekamen. Doch außer den vierbeinigen Lebewesen trifft man auf diesem Fest des Waldes auch solche mit Federn, Flügeln und Schnäbeln, die unentwegt zwitschern und trillern: Während Tukane, Papageien und Kolibris von einem Ufer zum andern fliegen, suchen und ergründen Kormorane, Reiher, Eis- und Fregattvögel die Liebe.

Diese fantastische Welt öffnet sich an den Seiten des Landes, die in den Pazifik eintauchen. Etwa 54 000 Hektar unberührter Regenwald, der beste Abschnitt der zentralamerikanischen Westküste, liegen auf der Halbinsel Osa. Es handelt sich dabei um den Nationalpark Corcovado. Durch seine Vegetation streifen Jaguare, die bis zu zwei Meter lang und hundert Kilogramm schwer werden.

24–25 Im Refúgio Nacional de Fauna Silvestre Ostional, 36 km von Sámara entfernt an der Pazifikküste gelegen, kriechen Tausende von Oliv-Bastardschildkröten (Lepidochelys olivacea) zur Eiablage an Land. Dieser anrührende Vorgang dauert oft drei Nächte lang.

Den fixen, kleinen Affen in den Bäumen jagen sie allerdings keine Angst ein. Die Hauptattraktion des Parks ist eine wenig erforschte Affenart: der Mittelamerikanische Totenkopfaffe. Mit nur dreißig Zentimeter Körperlänge und weniger als einem Kilogramm Gewicht ist er einer der kleinsten Affen der Welt, tobt aber mit unvergleichlicher Gelenkigkeit durch die Kronen der höchsten Bäume. In diesem Park kann man drei verschiedene Arten von Ameisenbären entdecken oder zumindest die Faultiere beobachten, die unbeweglich in den Zweigen hängen. Vielleicht läuft einem auch ein riesiger, bis zu dreihundert Kilogramm schwerer Baird-Tapir über den Weg oder ein Vertreter der sechs verschiedenen Kleinbären-Arten. Unter ihnen ist der Waschbär nicht nur der bekannteste, er trägt mit seiner schwarzen Gesichtsmaske auch zu Recht den Spitznamen „Bandit des Waldes".

Im vierzig Meter hohen Blättergewölbe der Bäume krakeelt die größte Kolonie Hellroter Aras von Costa Rica, dazwischen vibriert die Luft von den unermüdlich umherschwirrenden Kolibris, deren Flügel bis zu achtzig Mal in der Sekunde schlagen. Doch wirkliche Musik glaubt man zu hören, wenn die überaus seltene, beinahe schon ausgerottete Harpyie die Bühne des Waldes betritt, ein bis zu einen Meter großer Greifvogel, der mit unglaublicher Anmut zwischen den Baumwipfeln hindurchgleitet und dessen wirbelnder Tanz meistens mit reicher Beute belohnt wird. Trotz seiner Unberührtheit eröffnet dieser Regenwald hinter den Stränden, Bananenplantagen und Palmenhainen, die den Golfo Dulce in Richtung Panama absichern und sich nach Norden hinaufziehen, den Reigen an Sandstränden, die bei Touristen und Surfern so beliebt sind. Die Westküste von Costa Rica taucht in allen bekannteren Surfer-Filmen auf und ist für Wassersportfans ein wahres Paradies. Surfer aus Kanada, Europa, Hawaii und den USA kommen hierher, um zwischen Tamarindo und Cabo Blanco die perfekte Welle zu suchen, den Off-Shore-Winden zu lauschen und auf den Wellenkämmen zu reiten, die sich in der Provinz Guanacaste in den Buchten von Conchal, Brasilito, Flamingo und Playa Carmen brechen. Die Einheimischen, die eher Erholung suchen als Abenteuer, steuern dagegen lieber die Strände in der Nähe der Küstenstadt Puntarenas oder auf der Halbinsel Nicoya an. Vor fünfzig Jahren hatte sich dort der Schwede Olaf Wessberg ein Haus gekauft. Als Pionier der Umweltschutzbewegung von Costa Rica gelang es ihm, genügend Geld aufzubringen, um das herrliche Biologische Reservat Cabo Blanco zu gründen. Die dort herrschenden strengen Naturschutzregeln wurden allerdings in den siebziger und achtziger Jahren schwer missachtet, als man versuchte, Waldflächen in Ackerland umzuwandeln. Doch Costa Rica hat aus solchen Fehlern gelernt. Was den Naturschutz angeht, erntet das Land in den Berichten der Ökologen und internationalen Umweltorganisationen heute nur noch begeistertes Lob und Komplimente.

Die Pazifikküste ist von mehreren wichtigen Wasserläufen durchzogen. Einer davon ist der Rio Tarcaroles, in dem Hunderte von bis zu sechs Metern langen Krokodilen in unmittelbarer Nachbarschaft von Gestüten und Rinderfarmen leben. Die weißen oder schwarzen Strände von Playa Herradura dagegen erstrecken sich bis nach Dominical. Sie werden von Ölpalmenhainen gesäumt und von Pelikanen, Kormoranen, Möwen und Fregattvögeln umschwärmt. Mitten in diesem Idyll liegt der kleine, verträumte Ort Quepos. Als bedeutendes Zentrum für Sportangeln und einziger Zugang zu einem ansonsten unberührten Berggebiet hat er sich inzwischen perfekt auf die Bedürfnisse anspruchsvoller Touristen eingestellt. Außerdem findet man hier seit 1972 ein weiteres Naturreservat,

nämlich den Nationalpark Manuel Antonio. Er ist zwar das kleinste Reservat von Costa Rica, zählt jedoch mit seinen tropischen Stränden, den beeindruckenden Felsformationen, der reichen Fauna und den drei schönsten Buchten des Landes die meisten Besucher. Besonders auffällig ist dort der enge Kontakt zwischen Tieren und Menschen: Die Affen überprüfen minutiös die Mülleimer, die Blattschneiderameisen ändern ihren Kurs um die Füße der Besucher herum, und die Leguane betteln wie Hündchen um Futter. Vielleicht sind sie die Einzigen, die sich nicht ganz korrekt „ökologisch" verhalten in einem Land, das ansonsten völlig in den Händen von Bäumen, Tieren und Vulkanen ist. Feuer, Luft, Wasser und Erde sind die wahren Herrscher über dieses wunderbare und vorausschauend regierte Land, das von der Dankbarkeit einer bescheidenen, aber mächtigen Natur profitiert.

26–27 Lauwarmes Wasser und ganzjähriger Wellengang machen die Playa Escondida in Puntarenas zu einem der drei meistbesuchten Strände der Welt.

Pacífico Central wird von den paradisischen Stränden derHalbinseln Nicoya und Oya eingerahmt und zählt zu den beliebtesten Touristenregionen in Costa Rica.

28   Ein Totenkopfäffchen in einem
Wald auf der Halbinsel Osa. Meistens
leben diese possierlichen Tiere in
Gruppen von 30 bis 40 Exemplaren,
aber manchmal finden sich bis zu 100.

28–29   Der Urwald des Nationalparks Manuel Antonio reicht bis an
die unvergleichlich schönen Strände
heran. Archäologen vermuten, dass
die halbrunden Steinkreise im fla-

chen Wasser in präkolumbianischen
Zeiten von Indios angelegt wurden,
um darin Schildkröten zu fangen.

*31   Ein Wasserfall unweit des Bio-
logischen Reservats Rara Avis im
gleichnamigen Naturreservat. In
diesem etwa 1000 Hektar großen
Regenwaldgebiet, das von einer privaten Initiative unterhalten wird,
leben über 330 Arten von Vögeln,
Affen, Tapiren und Raubkatzen
zwischen unzähligen Pflanzenarten.*

*32–33   In der Reserva Biológica
Bosque Nuboso Monteverde, die sich
fast immer in Nebel hüllt, befindet
sich der bekannteste Regenwald des
Landes. Die Bäume werden bis zu
40 Meter hoch und beherbergen mehr
als die Hälfte aller Tier- und Pflanzenarten des Landes. Diese geschützte
Oase wurde in den fünfziger Jahren
von einem Dutzend nordamerika-
nischer Quäkerfamilien gegründet.
Dank der finanziellen Unterstüt-
zung aus aller Welt kann das Gebiet
heute ständig erweitert werden.*

*34–35   Die Greifschwanz-Lanzenot-
ter (Bothriechis schlegelii), von den
Einheimischen Bocaracá genannt, ist
die kleinste und giftigste Viper Costa
Ricas. Sie ist vorwiegend nachtaktiv.
Ihr Gift ist für kleine Beutetiere töd-
lich, kann aber auch dem Menschen
schaden.*

Stadt zwischen Bergen und Tälern

36 oben   Riesige Dimensionen und fantastische Formen kennzeichnen die weitläufigen Gärten von Zarcero, deren Hauptweg zu einer Kirche führt. Die Kleinstadt liegt im äußersten Westen der Cordillera Central auf über 1700 Metern Höhe.

36 unten   Die Kirche von San José de la Montaña, einem kleinen Ort in der Provinz Heredia. Auch die Provinzhauptstadt Heredia hat sich ihren ruhigen und ländlichen Charakter bewahrt, obwohl sie durch die Universidad de Costa Rica zu einem bedeutenden kulturellen Zentrum avancierte.

37   Die Hauptstadt San José liegt auf 1150 Metern Höhe im großen und fruchtbaren Valle Central, zu Füßen der Cordillera Central. Diese Lage garantiert der Stadt ein konstant angenehmes Klima, das die „Josefinos", die Bewohner von San José als „ewigen Frühling" bezeichnen. Der Stadtkern bildete sich im 18. Jahrhundert und ist das Werk spanischer Kolonialisten. In seinen Quadranten findet man neben typisch spanischer Architektur auch moderne Bauten, die vom Hochhaus der Banco Nacional überragt werden. Eine Besonderheit: Bei Wegbeschreibungen werden nicht Straßennamen oder Hausnummern genannt, sondern Kreuzungen oder bekannte angrenzende Plätze. Daher sollte man die wichtigsten Punkte von San José kennen und auch etwas Spanisch sprechen, um die Ticos nach dem Weg fragen zu können.

San José: Koloniales Erbe und moderner Stil

38–39 Die im Kolonialstil erbaute Hauptpost, Central de Correos, beherbergt auch das Post-, Telegrafie- und Briefmarkenmuseum. Die Post arbeitet in Costa Rica äußerst effizient.

39 oben Der Parque Central ist der älteste öffentliche Park von San José. Hier halten Taxis und zahlreiche Busse, die in alle Richtungen fahren. An diesem Platz stehen die Catedral Metropolitana sowie das neoklassizistische Teatro Melico Salazar.

39 unten Ein Detail am Gebäude der Banco Nacional, der wichtigsten Bank des Landes. Das Bauwerk liegt an der Hauptstraße, der Avenida Central, die quer durch die Stadt führt und auch Paseo Colón genannt wird.

40 Das würdige Teatro Nacional auf der Plaza de la Cultura stammt aus der letzten Dekade des 19. Jahrhunderts und gilt als das eindrucksvollste Bauwerk der Stadt. Nachdem es 1991 bei einem Erdbeben stark beschädigt wurde, hat man es mit großer Sorgfalt restauriert.

41 oben Die Catedral Metropolitana liegt am Parque Central und ist die größte Kirche der Stadt. Das 1871 aus Stein errichtete Gebäude wurde mehrmals umgebaut und im Jahr 1983 anlässlich des Besuchs von Papst Johannes Paul II. komplett restauriert.

41 unten Dieses Gemälde im Teatro Nacional zeigt die Ernte und den Handel mit Kaffee. Seit 1968 war es auf der 5-Colón-Banknote zu sehen, die so zu einem der schönsten Geldscheine der Welt wurde. Sie ist nicht mehr im Umlauf, doch man kann sie für ein paar Dollars erwerben.

42 oben Das Museo de Los Niños ist
in einer ehemaligen Haftanstalt
untergebracht. Kunst, Wissenschaft
und Geografie sollen in dieser Ein-
richtung Kindern und Jugendlichen
vermittelt werden.

42 Mitte und unten Im Parque La
Sabana – bis 1995 der Flugplatz –
liegt das Museo de Arte Costarricense.
Es zeigt ständig Gemälde und
Skulpturen einheimischer Künstler
aus dem 19. und 20. Jahrhundert.

42–43 Das Edificio Metálico
stammt aus dem Jahr 1897 und
verdankt seinen Namen dem Bau-
material Metall. Als eines der ältesten
Schulgebäude des Landes beherbergt
es heute die Escuela Buenaventura
Corrales.

Kirchen: Glaube und Natur

44 Die Kirche La Imaculada Concepción in Heredia wurde 1797 erbaut und ist bis heute Mittelpunkt einer Gemeinde.

44–45 Dass der Katholizismus die Religion der Ticos – der Bewohner Costa Ricas – ist, machen zahllose Kirchen überall im Land unverkennbar. Selbst kleine Orte, wie hier Zarcero im äußersten Westen der Cordillera Central, gruppieren sich um eine Kirche im Dorfzentrum. Der Sakralbau aus dem Jahr 1895 ist dem Erzengel Rafael geweiht und mit Gemälden sowie einem Kreuzweg-Relief geschmückt.

46 Sarchí, das bekannte Zentrum
für Kunsthandwerk, besitzt eine der
schönsten Kirchen des Landes. Die
Stadt wird vom Fluss Trojas durch-
flossen und liegt an der Hauptstraße,
die Grecia mit Naranjo nordwestlich
von San José verbindet.

46–47 Das ländliche Städtchen
Grecia in der Provinz Alajuela
wurde 1838 gegründet. Seine Kirche
ist bekannt, weil sie komplett aus
Metall erbaut wurde. Sie stellt im
Ort eine wichtige Begegnungsstätte
dar. Grecia gilt offiziell als sauberstes
Städtchen in Mittelamerika. Viele
Touristen schätzen es als Ausgangs-
basis für Ausflüge in das nahe ge-
legene Naturreservat Bosque Alegre.

48–49 Die berühmteste Kirche des Landes, die Basílica Nuestra Señora de Los Angeles in Cartago, ist ein beliebter Wallfahrtsort. Alljährlich machen sich am 2. August unzählige Pilger in San José auf den 22 km langen Weg dorthin. Cartago, die älteste Stadt von Costa Rica, liegt zwischen der Cordillera Central und der Cordillera de Talamanca.

49 unten Die Stadt Heredia wurde 1706 von den Spaniern gegründet. Hier haben koloniale Gebäude all die Erdbeben überlebt, denen sonst fast sämtliche Bauwerke jener Epoche im Land zum Opfer fielen. Dieser Turm trägt den Namen El Fortín und gilt als nationales Baudenkmal.

49 oben   In der Basílica de Nuestra Señora de Los Angeles in Cartago steht die berühmte La Negrita, eine Statue der Heiligen Jungfrau und Schutzpatronin des Landes. Viele Pilger haben ihr Votivgaben gebracht, mit denen sie für Heilung dankten.

Von Urwäldern und Vulkanen

50 oben   Der Vulkan Poás ist 2704 m hoch und befindet sich im gleichnamigen Nationalpark. Sein Krater ist 300 m tief und hat einen Durchmesser von 1,5 km. Der Poás zählt zu den größten Vulkanen der Welt und ist reich an aktiven Fumarolen und Geysiren. Seine Aktivitäten werden seit 1828 aufgezeichnet, auch sein letzter Ausbruch 1989. Vom Gipfel aus genießt man einen herrlichen Blick über einen kleinen Nebelwald mit Bromelien, Moosen und Flechten. Hier leben zahlreiche Vogelarten.

50 unten   Die Wolken sind fester Bestandteil des Nebelwaldes in der Reserva Biológica Bosque Nuboso Monteverde. Wenn sie aufsteigen, dringt die Sonne bis in die letzten Winkel der Vegetation und bringt die Teiche, die sich zu Füßen der Wasserfälle gebildet haben, zum Leuchten.

51   Der Rotaugenlaubfrosch (Agalychnis callidryas) lebt an den Wasserläufen tief im dichten Wald. Er ist auffällig bunt: Der grüne Körper ist oft blau und gelb gefleckt, die Füße orange und die großen Augen knallrot. Die Männchen unterscheiden sich von den Weibchen allein durch die Größe, nicht durch die Färbung.

52–53, 53 rechts oben und 53 rechts unten   Durch den Nationalpark Braulio Carillo führt die Bundesstraße, die San José mit der Karibikküste verbindet. Die unberührte Natur zeigt auf beiden Seiten der Straße große Höhenunterschiede: Die karibischen Ebenen liegen 50 m, der Gipfel des Vulkans Barva 2900 m hoch. Die unterschiedlichen Höhen- und Klimazonen sorgen im Braulio Carillo für eine äußerst vielfältige Flora und Fauna. Es gibt dort Raubkatzen, Tapire, Pekari, Faultiere, Affen und natürlich unzählige Vogelarten. Auch Epiphyten gedeihen in der üppigen Vegetation, während die Blumen in der untersten Etage des Waldes versuchen, das spärliche Licht zu nutzen.

53 Mitte links   Das auffälligste Merkmal des Tukans von Costa Rica ist sein bunter Schnabel, der zwar riesig, dabei aber sehr leicht ist. Innen ist er nämlich fast völlig hohl und besteht aus einer schaumartigen Knochensubstanz. Tukane leben in Baumwipfeln und nisten in Baumhöhlen.

53 Mitte rechts   Der Boden des Regenwalds ist relativ nährstoffarm. Viele Pflanzen haben daher Wurzeln, die ein Maximum an Halt bei einem Minimum an Verwurzelung im Boden bieten. Die Nährstoffe aus den Baumwipfeln werden durch die Kompostierung in den obersten Bodenschichten frei für die Wiederverwertung.

54–55   Unter den wirbellosen Räubern sind die Schlangen im Regenwald am allgegenwärtigsten, nicht zuletzt, weil sie perfekt mit ihrer Umgebung verschmelzen können. In Costa Rica leben ca. 220 Reptilienarten; acht sind vom Aussterben bedroht.

56 oben links   Eichhörnchen leben auf dem ganzen Kontinent, aber das Rotschwanzhörnchen (Sciurus granatensis) hauptsächlich in tropischen Zonen.

56 oben rechts   Dieser Motmot ist ein auffällig bunter Vogel mit langem Schwanz. In Costa Rica leben sechs verschiedene Motmot-Arten.

56 unten   Die Schutzgebiete des Landes sind ein Paradies für Vogelkundler, die 800 Vogelarten beobachten können: Meeresvögel an den Küsten und Enten in den Tiefebenen, Raubvögel der höheren und tieferen Lagen und Geier, Tauben der höher gelegenen Wälder sowie Papageien an den Flussufern, kleine Kolibris und große Tukane.

56–57   Das Braunkehlfaultier (Bradypus variegatus) ist ein tagaktives Säugetier. Man trifft es häufig im Nationalpark Corcovado auf der Halbinsel Osa an. Das Weibchen trägt sein Junges bis zum Alter von fünf Monaten am Bauch mit sich herum.

58 oben links und rechts Der Parque Nacional Tapantí liegt an den Nordhängen der Cordillera de Talamanca in einer unwegsamen Regenwaldregion. Die vielen Niederschläge speisen zahlreiche Wasserläufe und Katarakte, die das Gebiet praktisch unbegehbar machen. Obwohl es nur wenige Wege gibt, ist der Naturpark ein Paradies für Vogelliebhaber. In ihm leben über 200 Vogelarten, darunter der berühmte und legendäre Quetzal, der in ganz Mittelamerika bis nach Mexiko verbreitet ist.

59 Der Helmbasilisk (Basiliscus basiliscus) ist ein Leguan, der wegen seiner Fähigkeit, auf dem Wasser zu laufen, den Spitznamen „Jesus" trägt. Er kann bis zu 80 cm lang werden, davon entfallen 50 cm auf den Schwanz. Ein junges Tier legt auf dem Wasser bis zu 100 Meter zurück. Dieses „Wunder" verdankt es einem Schuppenrand, der die Fußfläche vergrößert, sowie der Fähigkeit, aufrecht auf den Hinterbeinen zu rennen. Das Männchen trägt eine Maske und einen Kamm und sieht damit wie ein kleiner Dinosaurier aus.

58 unten   In den Regenwäldern sind Pilze wesentliche Bestandteile der Vegetation. Sie tragen zur Kompostierung von Blättern und Zweigen bei, die auf den Boden fallen, und erhalten durch diese Wiederverwertung den Fortbestand des Waldes.

60–61   Nach einem heftigen Regen reißt der Himmel plötzlich auf und lässt einen magisch wirkenden Regenbogen entstehen. Wegen der häufigen Niederschläge in der tropischen Zone des Landes – der Jahresdurchschnitt liegt bei über 2500 mm – gelten Regenbogen dort als Bestandteil der Landschaft.

62 Die Flüsse dieser riesigen Region speisen zahlreiche Wasserfälle, wenn sie aus den Höhen der Cordillera Central zu den Atlantik-Ebenen an der Grenze zu Nicaragua fließen. Von San José aus steigt die Straße zwischen den Vulkanen Poás und Barva auf 2000 Meter Höhe, durchquert einen Regenwald und führt in die Täler der Flüsse La Paz und Sarapiquí hinab. Der Katarakt La Paz in der Nähe von Vara Blanca ist einer der eindrucksvollsten von zahlreichen Wasserfällen auf dieser Strecke.

63 In dem Biologischen Reservat Rara Avis an den nordöstlichen Hängen der Cordillera Central sieht man diesen zweigeteilten, 55 m hohen Wasserfall, der durch den Regenwald herabstürzt. An seinem Ende entstanden Wasserbecken, in denen man mitten in der unberührten Natur ein Bad nehmen kann.

64–65 Die reichen Niederschläge in Costa Rica rufen in den Regenwäldern zahlreiche Wasserläufe hervor, die eine unglaublich üppige Vegetation nähren. Am Rio Sarapiquí befindet sich La Selva, ein 1600 Hektar großer Tropenwald in Privatbesitz mit einer internationalen, biologischen Forschungsstation.

Vulkane: Tiefe Krater und glühende Lava

66–67 und 68–69 Bei Tage wirkt der Arenal wie ein harmloser Riese. Doch er gehört zu den aktivsten Vulkanen der Welt. Dass er nicht erloschen ist, zeigen die großen Aschewolken, die bei mächtigen Explosionen in die Luft geschleudert werden.

67 oben Der imposante Vulkan Poás im gleichnamigen Nationalpark ist 2704 Meter hoch. Sein Krater ist ein brodelnder Kessel von 300 Metern Tiefe, aus dem immer wieder das darin angesammelte Wasser in hohen Fontänen in die Luft schießt.

67 unten Die Umgebung rund um den 3422 Meter hohen Krater des Vulkans Irazú wirkt wie eine Mondlandschaft.

Bunte Tierwelt

70 oben links und 71 In Costa Rica leben 3000 verschiedene Schmetterlingsarten und somit zehn Prozent aller Schmetterlinge der Welt. Man sieht sie überall umherflattern, auf den höchsten Gipfeln ebenso wie in den tiefsten Küstenebenen. Im ganzen Land trifft man auf „Schmetterlingsgärten", wo man die wunderschönen Insekten in allen Phasen ihres komplexen Lebenszyklus beobachten kann.

70 oben rechts Besonders faszinierend ist der Himmelsfalter (Morpho peleides) mit seinen leuchtend blauen Flügeln. Im Flug ist er dank seiner Spannweite von 15 cm an Flüssen und in Wäldern leicht zu erkennen. Aber sobald er sich niederlässt, verschmilzt die braune Unterseite seiner Flügel mit der Umgebung.

70 unten Tarnung ist für viele Insekten lebenswichtig. Schmetterlinge beherrschen den raffinierten Trick sehr gut, die Farbe der Blätter richtig auszusuchen, auf denen sie sich niederlassen. Ebenso unerlässlich ist die Täuschung der Feinde, deshalb tragen manche Falter die Farben giftiger Tierarten.

72–73 *Zu den berühmtesten Vogel-*
spezies des Landes zählen 50 Koli-
briarten. Dieser Streifenschwanz-
eupherusa (Eupherusa eximia)*, den*
man an den Farben seines Schwanzes
erkennen kann, trinkt den Nektar
einer Blüte aus der Familie der
Liliengewächse.

*73 oben   Der Grün-Veilchenohrkoli-
bri (Colibri thalassinus) lebt in höheren Lagen vor allem in Nebelwäl-
dern. Da Kolibris bis zu 80 Mal pro
Sekunde mit den Flügeln schlagen,
können sie in der Luft still stehen
oder sogar rückwärts fliegen.*

*73 unten   Dieser Magentakolibri
(Calliphlox bryantae) versorgt sich
gerade mit Nektar aus einem Weih-
nachtsstern (Euphorbia pulcher-
rima). Der lange, dünne Schnabel ist
typisch für Kolibris. Mit ihm können
sie den Nektar auch in den tiefsten
Blütenkelchen erreichen.*

74 oben   Der Rotaugenlaubfrosch (Agalychnis callidryas) *sieht zweifellos besonders gut. Seine halbkugelförmigen, seitlich am Kopf sitzenden Augen gestatten ihm praktisch eine Rundumsicht. Saugnäpfe an den Füßen ermöglichen ihm außerdem, sich auch an glatten Blättern festzuhalten. Zu den Feinden dieser nachtaktiven Amphibien zählen Schlangen, Fledermäuse und Raubvögel.*

74 unten   Der einzige Ort auf der Welt, wo man die winzigen Goldkröten (Bufo periglenes) *antraf, war die Reserva Biológica Bosque Nuboso Monteverde. Leider scheint diese seit 1989 ausgestorben zu sein, vielleicht durch die Luftverschmutzung. Die Goldkröten atmeten nämlich teilweise mit der Haut, was sie äußerst verletzlich machte.*

75   Riesige Augen und lange Beine charakterisieren die Laubfrösche des Regenwaldes. Sie ernähren sich von Insekten und leben vornehmlich auf Bäumen. Angst vor dem Herunterfallen müssen sie dabei nicht haben: Die Saugnäpfe an ihren Fingern haften auch an glatten Oberflächen.

76–77 Die Hälfte der 200 Reptilienarten in Costa Rica sind Schlangen. Man bekommt sie nur selten zu
Gesicht. Sie sind hauptsächlich nachtaktiv und neigen eher zum Rückzug,
wenn man zufällig auf eine stößt.
Sie verstecken sich zwischen Blumen
und Blättern, daher ist große Vorsicht
angebracht, wenn man nicht in
Begleitung eines guten Führers ist.

*77 oben   Der bevorzugte Lebensraum
der Greifschwanz-Lanzenotter
(Bothriechis schlegelii) sind die dichten Blätter der Palmen. Daher nennt
man sie auch „Palmenviper". Diese
kleinste Viper im Land hat einen
dreieckigen Kopf und wird höchstens
75 cm lang. Sie bringt jedes Jahr etwa
zehn Junge zur Welt.*

*77 unten   Die Riesennatter (Iman-
todes cenchoa) lebt in den höheren
und tieferen Etagen des Waldes, und
dort am liebsten zwischen Epiphyten
wie zum Beispiel Bromelien. Das
schlanke und wendige Reptil hat einen
schmalen Hals, einen großen Kopf
sowie stark hervorstehende Augen.*

78   In Costa Rica leben drei Amei-
senbärarten. Am häufigsten ist der
Nördliche Tamandua (Tamandua
mexicana) mit seinem schwarz-beigen
Fell, etwa 1,5 m Größe und einem
Gewicht zwischen 4 und 8 Kilo. Seine
Zunge wird bis zu 40 cm lang und
hat Hornpapillen, mit denen er die
Beute ins Maul transportiert.

78–79   Eine der Raubkatzen in
Costa Rica ist der Ozelot (Leopardus
pardalis). Sein Fell ähnelt dem des
Jaguars, jedoch ist er viel kleiner,
und sein Schwanz ist kürzer als seine
Hinterläufe. Er ist zwar nicht so
selten wie der Jaguar, aber sehr scheu,
sodass man ihn nur selten sieht.

80–81 Die possierlichen Weiß-
schulterkapuzineräffchen (Cebus
capucinus) kann man in den Wäldern Costa Ricas sehr oft beobachten.
Auf der Suche nach Früchten und
Insekten klettern sie unentwegt in den
Ästen der Bäume umher. Sie sind
mit einem langen Greifschwanz ausgestattet, den sie oft auf typische Weise
an der Spitze leicht eingerollt tragen.

81 Der Brüllaffe (Alouatta palliata)
ist mit 8 Kilo Gewicht der größte Affe
im Land. Meistens hört man ihn, be-
vor man ihn sieht. Das Geschrei, das
die Männchen ausstoßen, ist auch im
dichtesten Wald noch in einem Kilometer Entfernung zu vernehmen.
Brüllaffen leben in hierarchischen
Gruppen von etwa einem Dutzend
Tieren in den Baumwipfeln.

Ein Regenbogen ohne Ende

82 Die Straße, die von Puerto Limón nach Süden führt, verläuft bis zur Grenze von Panama an der flachen Karibikküste entlang. Die buchtenreiche Westküste unterscheidet sich stark von der Ostküste mit ihrem lieblichen Panorama. Letztere ist mit Wäldern bewachsen, die bis ans Meeresufer reichen, und von Korallenriffen gesäumt.

83 An der zerklüfteten Pazifikküste liegt im Golfo del Papagayo die große Bucht der Halbinsel Nicoya. Wir sind in der Provinz Guanacaste, deren wunderschön gelegener Sandstrand, die Playa Panamá, erst kürzlich auf Kosten des Tropenwaldes in eine Touristenzone umgewandelt wurde. Zusammen mit Playa Hermosa, Playa del Coco und Playa Ocotal gehört er zu den beliebtesten Stränden, die der Norden des Landes zu bieten hat.

Am Pazifik: Unberührte Wildnis

84 oben   Das Strandgebiet Playa Guacamaya liegt am Pazifik in der Provinz Guanacaste und ist von dichter Vegetation umgeben, die mancherorts über den weißen Sand hinweg fast bis zum Wasser reicht. Starke Farbkontraste wie hier sind typisch für die Landschaft Costa Ricas.

84 Mitte   Der Nationalpark Santa Rosa, das älteste und größte Naturschutzgebiet von Costa Rica, nimmt einen Großteil der Halbinsel Santa Elena im äußersten Nordwesten des Landes ein. Dort befindet sich auch der Strand Playa Nancite, an dem unzählige Meeresschildkröten ihre Eier ablegen. Während der Regenzeit, vor allem in den Monaten September und Oktober, wird dieser Strand zum bevorzugten Zufluchtsort für alle Oliv-Bastardschildkröten der tropischen Pazifikregion. In der Nähe steht außerdem der größte trockene Tropenwald von ganz Mittelamerika.

84 unten und 84–85   Rund um die gesamte Halbinsel Nicoya, die an der Pazifikküste in der Provinz Guanacaste zu finden ist, liegen einige der schönsten Badeorte des Landes. Zu den Hauptattraktionen zählen die unberührten, von Wäldern gesäumten Strände.

86 oben   Die Küsten der Halbinsel Osa werden durch den Nationalpark Corcovado geschützt, in dem sich auch der schönste Regenwald der gesamten Westküste Mittelamerikas befindet. Der Park bietet ideale Lebensbedingungen für eine üppige Vielfalt von Tierarten.

86 unten   Bahía Ballena ist die größte Bucht an der Südküste der Halbinsel Nicoya und ein idealer Ort, um Wale zu beobachten. Das Wasser ist vor Strömungen geschützt und dient den riesigen Tieren als Ruheplatz.

86–87 Witch's Rock im Nationalpark Santa Rosa ist für Surfer aus
aller Welt ein beliebter Treffpunkt.
Am Strand von Tamarindo, einem
kleinen Fischerdorf im Norden von
Guanacaste, ist dadurch eins der
meistbesuchten Touristenzentren im
nördlichen Costa Rica entstanden.

88 oben   Zu den auffälligsten Papageienarten von Costa Rica gehört der Hellrote Ara, der über 80 cm groß werden kann. Er ist kaum zu übersehen, denn sein Gefieder ist am Körper und am Schwanz rot und an den Flügeln gelb und blau. Er lebt in kleinen Gruppen oder in einer Zweierbeziehung, die ein Leben lang hält.

88 unten   Im Corcovado findet man nicht nur die größte Population Hellroter Aras der Welt, sondern auch Raubkatzen, Krokodile, Pekaris, Große Ameisenbären, Baird-Tapire sowie etwa 400 Vogelarten. Zu ihnen gehören auch die vielen Braunpelikane, die in Gruppen die Felsen im Wasser bevölkern.

89   Der Fischertukan (Ramphastos sulfuratus) ist in den Wäldern an der Nordküste von Guanacaste sehr häufig. Der etwas größere Swainson-Tukan (Ramphastos swainsonii) bevorzugt dagegen die hohen Bäume in den Feuchtwäldern am Südpazifik.

90–91 Die Pazifikküste von Costa Rica ist der einzige Ort auf der Welt, an dem die Buckelwale (Megaptera novaeangliae) der nördlichen und der südlichen Hemisphäre zusammentreffen, um dort ihre Jungen zur Welt zu bringen. Meistens ziehen sie in Gruppen von höchstens 15 Tieren die Küste entlang, die damit zum größten Beobachtungsgebiet der Erde wird. Besonders gute Möglichkeiten bietet die Bahía Drake in der Provinz Puntarenas.

91 Die fünf Meter langen Brustflossen sind das Merkmal der Buckelwale, die viele Kunststücke beherrschen: Sie machen Purzelbaum, schlagen mit den Flossen auf das Wasser oder springen sogar völlig heraus, was in der Gruppe der Bartenwale sonst nicht vorkommt.

An der Karibik: Das pralle Leben

92 *Die meisten Schildkrötenarten, die im Meer vor der Karibikküste leben, treffen sich an den unberührten Stränden des Schutzgebietes Tortuguero.*

92–93 *Bei einer Bootsfahrt auf den Kanälen des Tortuguero, die von dichtem Regenwald umgeben sind, kann man den einzigartigen Reichtum an Flora und Fauna besonders gut genießen. Man streichelt eine Wasserschildkröte, ehe sie sich schnell dem Blick der Kaimane entzieht, die sich dem Boot nähern, während am Ufer die frechen Klammeraffen, die einen während der Fahrt begleiten, von einem Baum zum anderen springen.*

94–95 Das Refúgio Nacional de
Vida Silvestre Gandoca-Manzanillo
erstreckt sich an der Karibikküste bis
zur Grenze nach Panama und um-
fasst auch etwa 5000 Hektar Meer.
So schützt es die Korallenriffe, die
etwa 200 Meter vor der Küste liegen.
Der Regenwald reicht bis an die unberührten Strände heran, an denen
Kokospalmen einen zauberhaften
Anblick bieten. Zum Reservat gehört
außerdem ein faszinierender roter
Mangrovenwald.

95 Playa Uva gehört zu den schöns-
ten Stränden in der Umgebung von
Puerto Viejo de Talamanca, einem
Dorf an der südlichen Atlantikküste.
Wegen der herrlichen Wellen ist dieser
Küstenabschnitt bei Surfern sehr
beliebt. Sie genießen seine lebhafte,
heitere Atmosphäre.

96 Die Korallenriffe von Cahuita und Gandoca bestehen aus etwa 30 Korallenarten und bieten über 100 Muschelarten, etwa 40 Krustentierarten sowie Hunderten verschiedener Fische eine Heimat. Wer diese Tiefen besuchen möchte, sollte im März und April kommen. Dann ist das Flusswasser, das hier ins Meer fließt, weniger trübe, und die Sicht ist klarer als in den anderen Monaten.

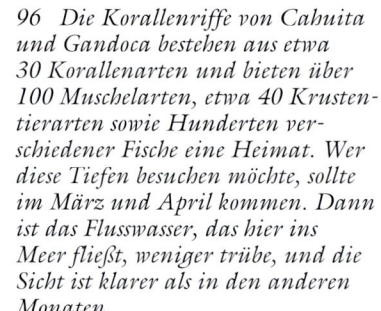

96–97 Vor Punta Cahuita, nördlich von Puerto Viejo, liegt das größte Korallenriff Costa Ricas. Leider hob sich die Küste 1991 bei einem Erdbeben, und das Riff trocknete fast ganz aus. Für Schnorchler lohnt sich ein Besuch jedoch weiterhin.

Isla del Coco: Die Rätselhafte

98 oben   Die Isla Manuelita ist eine kleine Felsformation nördlich der Isla del Coco, die von Hunderten von Vogelarten bewohnt wird. Sie können dort ungestört leben und brüten.

98 unten und 98–99   Die Isla del Coco ist eine geheimnisvolle kleine Insel, die etwa 500 km vor der Landesküste im Pazifik liegt. Ihre Größe, Abgeschiedenheit und ihr Erhaltungszustand brachten sie 1997 auf die Weltnaturerbe-Liste der UNESCO. Die Geschichte der Insel ist untrennbar mit den Sagen um unermessliche Piratenschätze verwoben, die angeblich dort vergraben sind, aber bis heute nicht wieder gefunden wurden.

100–101 *Riesenmuränen sehen gefährlich aus, greifen aber nur an, wenn sie sich bedroht fühlen. Ihr Biss ist allerdings äußerst schmerzhaft. Dass ihr Maul meist offen steht, sagt nicht, dass sie auf dem Kriegspfad sind: Sie atmen auf diese Weise.*

101 *Die Korallenriffe um die Isla del Coco sind wegen ihrer Artenvielfalt weltberühmt: Soldatenfische, Gelbe Grunzerfische, Meeresschildkröten, Weißflossenhaie und Schwärme von Stachelmakrelen bevölkern die felsigen Tiefen rund um die Insel.*

102–103 Der Walhai (Rhincodon typus) ist eine der langlebigsten Hai-arten dieses Planeten. Manche Exem-plare können 100 Jahre und älter werden. Mit einer Länge von bis zu 18 Metern ist er außerdem auch der größte uns bekannte Fisch. Trotz seiner riesigen Maße gehört er zu den unge-fährlichen Meeresbewohnern: Er lebt von Plankton und kleinen Fischen, indem er das Wasser in sein geöffnetes Maul einsaugt und durch seine Kiemen wieder herauspresst. Dabei wird seine Nahrung herausgefiltert.

103   Mantas, Hammerhaie und
Fächerfische zählen zu den größten
Tieren, die in den Gewässern rund
um die Isla del Coco leben. Alle
drei Arten haben drei Eigenschaften
gemeinsam: Schnelligkeit, Anmut
und ein bizarres Äußeres.

Lächeln und Folklore

104 oben   In Costa Rica heißen kleine Lebensmittelläden, die mit allem ausgestattet sind, was ein Dorf benötigt, pulperías. Sie sind nicht nur beliebter Treffpunkt, sondern verfügen auch über das einzige Telefon in abgelegenen Orten an der Küste oder im Landesinneren.

104 unten   Pferde sind ein wichtiger Bestandteil des Landlebens. Bei Veranstaltungen und ländlichen sowie privaten Festen finden daher auch oft Rodeos statt.

105   Ein Drittel der Bevölkerung an der Karibikküste stammt von Einwohnern Jamaikas ab, die früher beim Bau der Eisenbahn oder auf Plantagen arbeiteten. Im Oktober wird der „Día de las Culturas" gefeiert. Eine ganze Woche lang dreht sich alles um die historische Landung von Christoph Columbus. In den Straßen von Puerto Limón feiert man eine Art Karneval mit traditionellen Kostümen, Gesängen und Tänzen.

Immer wieder: La pura vida!

106 oben   Ein Rodeo in der Region Guanacaste: Bei diesem Ereignis stellen die „Cowboys" ihre Kunstfertigkeit unter Beweis.

106 unten   Während der jährlichen Landwirtschaftsmesse in San Isidro del General werden auch Rodeos und Corridas veranstaltet, an denen jeder teilnehmen kann. Die Stadt liegt zwischen Kaffeeplantagen, Farmen und Viehzuchtbetrieben im Tal des Rio General und ist eins der landwirtschaftlichen Zentren im Süden.

106–107   In Liberia, einer Stadt mit ländlichem Charakter, finden am Nationalfeiertag von Guanacaste am 25. Juli Viehauktionen, Corridas sowie eine Parade mit Pferden statt.

108 oben links und unten   Am Día del Boyero, dem Tag des Ochsenkarrens, gibt es einen Umzug mit Tanzgruppen und festlich geschmückten Ochsenkarren.

108 oben rechts   Die Fiesta de los Diablitos, das Fest der kleinen Teufel, symbolisiert an vielen Orten den Kampf der Eingeborenen gegen die spanischen Eroberer. Am bekanntesten ist die Fiesta in der Reserva Indigena Boruca. Flöten und Trommeln begleiten die Tänze der Indios, die sich mit großen Holzmasken verkleidet haben.

109   In der letzten Woche des Jahres finden auch in San José, der Hauptstadt von Costa Rica, zahlreiche Feiern, Veranstaltungen und Tänze in traditionellen Kostümen statt.

110 und 110–111 Die Fiesta de la
Virgen del Mar im Juli wird in
Puntarenas im Wasser gefeiert. Die
Hafenstadt ist die Hauptstadt der
gleichnamigen Provinz und liegt am
Golf von Nicoya an der Grenze zu
Panama. Bei der Prozession zu Ehren
der „Jungfrau des Meeres" durch-
pflügen Hunderte von überaus festlich geschmückten Ruderbooten und
eleganten Motorschiffen das Wasser
des Golfs, der zwischen dem Festland
und der Halbinsel liegt.

112, 112–113 und 114–115 Das
Wahrzeichen der Bauern von Costa
Rica sind die carretas, die traditionellen Ochsenkarren. Das Zentrum
dieses Brauchs ist die Kunsthand-
werkerstadt Sarchí im Norden der
zentralen Hochebene. Die Holzkarren
werden in verschiedenen Größen her-
gestellt und von ortsansässigen Künst-

lern minuziös in leuchtenden Farben
und detaillierten Mustern bemalt.
Außerdem blüht in Sarchí das Ge-
schäft mit wunderschönen Kerami-
ken mit Mustern aus präkolumbianischer Zeit. Sie sind der Stolz der
Region Guanacaste.

116 oben Die Ananas, die bei uns auf den Tisch kommt, stammt meistens von den Plantagen Costa Ricas.

116 Mitte Im 19. Jahrhundert machten die großen Kaffeeplantagen auf den Feldern der zentralen Hochebene Costa Rica zu einer reichen Nation. Die wichtigste Periode des wirtschaftlichen und kulturellen Wachstums ist Juan Rafael Mora Porras zu verdanken, der 1849 zum Präsidenten gewählt wurde. Der bekannte Kaffee-Produzent regierte das Land zehn Jahre lang.

116 unten und 116–117 Die Landschaft an der Karibikküste zwischen Puerto Limón und der Grenze zu Panama ist von unendlich großen Bananenplantagen geprägt, die dem Land den Beinamen „Bananenrepublik" einbrachten.

118–119 und 119 oben Die Wasserfälle von Costa Rica bieten viele
Möglichkeiten: Wer sie nicht aus der
Ferne betrachten will, kann sie er-
klimmen oder darin baden, z. B. in
den Thermalquellen von Tabacón
am Vulkan Arenal.

119 unten Die Urwaldregionen des
Landes lassen sich oft nur per Boot
erkunden. Das dichte Netz aus schiff-
baren Kanälen im Tortuguero sowie
die Wasserläufe an beiden Küsten, die
zum Teil durch Mangrovenwälder
fließen, sind der einzige Weg, diese
geheimnisvollen Orte zu ergründen.

120–121 Etliche Flüsse, die von den
Bergen zu den Küsten fließen, eignen
sich ideal zum Rafting, das in unter-
schiedlichsten Schwierigkeitsgraden
das ganze Jahr auf dem Rio Reventazón und dem Rio Pacuare an der
Ostküste möglich ist. Während der
Regenzeit (März bis November) sind
auch der Rio Sarapiquí nördlich von
San José oder der Rio Chirripó an der
Westküste für diese Sportart geeignet.

122–123 Die bunten Obstpyramiden der Marktstände beleben die Straßen, die von der Hauptstadt zu den Küsten hinführen. Man kann sich dort mit knackigen Früchten, Kokosnüssen oder frisch gepressten Säften versorgen, die mit einem Strohhalm dargereicht werden.

123 An der Panamericana, die das Land von Nicaragua bis nach Panama durchquert, findet man viele Buden wie diese, an der Felgen verkauft werden. Die Straßen von Costa Rica sind sehr schmal und dank ständiger, heftiger Regenfälle voller Schlaglöcher. Es ist fast unmöglich, das Land zu durchfahren, ohne einen Reifen wechseln zu müssen.

124 oben   An einer der Avenidas von San José liegt dieser lebhafte Markt. An den Ständen werden landwirtschaftliche Produkte verkauft, die direkt von den Bauernhöfen der Umgebung stammen.

124 unten und 124–125   An Früchten mangelt es in Costa Rica nicht. Sie sind ein wichtiges Nahrungsmittel, das den Menschen hilft, die heißen Tage gut zu überstehen. Auch im abgelegensten Dorf gibt es einen kleinen Laden oder Stand, der frisches Obst verkauft.

126   Liberia, die Hauptstadt der Provinz Guanacaste, wurde Mitte des 18. Jahrhunderts gegründet. 1864 zählte sie 4000 Einwohner, von denen ein Zehntel im Stadtzentrum und der Rest im Umland in typischen bunten Häusern lebte.

127 oben   Der Ort Montezuma, 11 km von dem Biologischen Reservat Cabo Blanco und in der Nachbarschaft von Puntarenas gelegen, ist ein beliebtes Ausflugsziel, dank seiner Atmosphäre, die an die Siebzigerjahre erinnert, seiner freundlichen und heiteren Bewohner sowie seiner Wanderwege, die in dichte Wälder führen.

127 unten Wer in der Nähe des Vulkans Poás speisen möchte, sollte ein Restaurant suchen, das mit den Visitenkarten von Touristen tapeziert ist. Sie garantieren dem Besucher gute Qualität.

128 Ein Detail der Bemalung auf einer carreta, dem traditionellen Ochsenkarren, wie ihn die Bauern von Costa Rica noch heute verwenden. Bevorzugte Motive sind Blumen, Personen und landestypische Tiere.

Bildnachweis:

Die Fotografien in diesem Band stammen von:

Die Autorin dankt Vanessa Volonté für die Zusammenarbeit.